Ο ΜΑΥΡΟΣ ΘΑΝΑΤΟΣ

- **Πότε συνέβη; Από το** 1347 έως το 1352.

- **Πού;** Σε όλη την Ευρώπη.

- **Θύματα;** Μεταξύ 20 και 35 εκατομμυρίων νεκρών στη Δύση.

- **Επιπτώσεις;**

    - Δημογραφική μείωση.

    - Οικονομικές κρίσεις.

    - Πολιτιστική αναταραχή.

    - Μια νέα σχέση με το θάνατο.

Ο Μαύρος Θάνατος, ή Μεγάλη Πανούκλα, που έπληξε ολόκληρη την Ευρώπη τον 15ο αιώνα, ήταν η μεγαλύτερη επιδημία που είχε δει ποτέ η Ευρώπη. Αυτό συνέβαλε σε ένα ήδη δύσκολο πλαίσιο για τη Δύση. Η πολιτική αναταραχή, η πείνα και ο πόλεμος ήταν συνηθισμένα φαινόμενα εκείνη την εποχή. Η Ευρώπη, ήδη αποδυναμωμένη, έχασε το ένα τρίτο του πληθυσμού της από την πανδημία μέσα σε πέντε χρόνια. Το μέγεθος και οι συνέπειες μιας τέτοιας καταστροφής είναι δύσκολο να φανταστεί κανείς: ολόκληρα χωριά εξαφανίζονται, η οικονομία πλήττεται, οι ξένοι αντιμετωπίζονται με καχυποψία και ο φόβος κατατρώει τους ανθρώπους καθημερινά. Παρεξηγημένη, η πανούκλα εξισώνεται με θεϊκή τιμωρία ή δηλητηρίαση του αέρα. Σε απόγνωση, οι άνθρωποι αναζητούν τους ενόχους, γεγονός που οδηγεί στη σφαγή των Εβραίων, των λεπρών και άλλων απόκληρων. Αλλά τίποτα δεν μπορεί να γίνει. Ο θάνατος, προσωποποιημένος από τη μορφή του ζοφερού θεριστή,

Ο ΜΑΥΡΟΣ ΘΑΝΑΤΟΣ

Η Ευρώπη αποδεκατίστηκε τον 14ο αιώνα

Ο ΜΑΥΡΟΣ ΘΑΝΑΤΟΣ

Η Ευρώπη αποδεκατίστηκε τον 14ο αιώνα

γραμμένο από Jonathan Duhoux
μεταφρασμένο από Lina Sideris

συνεχίζει να παίρνει τις ψυχές πλουσίων και φτωχών, ευγενών και χωρικών, δίκαιων και ενόχων, αδιακρίτως.

Αν και ο Μαύρος Θάνατος εξαφανίστηκε το 1352, η επιδημία επανεμφανίστηκε στην Ευρώπη πιο επεισοδιακά, κάθε οκτώ με δέκα χρόνια μέχρι τον ΔΕΚΑΤΟ ΟΓΔΟΟ αιώνα[e] . Το βακτήριο που ευθύνεται για την ασθένεια (*Yersinia pestis*) δεν ανακαλύφθηκε μέχρι τα τέλη του 19ου αιώνα[e] και μόνο τον επόμενο αιώνα και την εφεύρεση των αντιβιοτικών βρέθηκε ένα αποτελεσματικό φάρμακο για την καταπολέμησή της. [e]Η βία της επιδημίας τον 19ο αιώνα άφησε μια διαρκή εντύπωση στο μυαλό των ανθρώπων, και μελέτες διεξάγονται ακόμη και σήμερα. Η πανούκλα παραμένει μια σοβαρή απειλή για την ανθρωπότητα.

ΑΠΟ ΤΗΝ ΕΥΗΜΕΡΙΑ ΣΤΟ ΘΑΝΑΤΟ

Τον ΔΕΚΑΤΟ ΤΡΙΤΟ αιώνα[e] η Δύση ανθούσε: το ευρωπαϊκό εμπόριο βίωνε μια περίοδο μεγάλης ευημερίας και οι σοδειές ήταν πλούσιες λόγω του συχνά ευνοϊκού κλίματος. Οι εμποροπανηγύρεις στη Φλάνδρα και τη Σαμπάνια γνώρισαν πρωτοφανή δημοτικότητα. Όλοι οι δυτικοί έμποροι συναντιόντουσαν εκεί για να ανταλλάξουν εμπορεύματα, να ανταλλάξουν αγαθά ή απλώς να κάνουν νέες επαφές. Η Μπριζ έγινε ο κόμβος όλων των εμπορικών εθνών. Στην Ιταλία, οι πόλεις της Βενετίας και της Γένοβας κυριαρχούσαν σε όλο το εμπόριο της Μεσογείου. Μετά το 1270, μπορούν να δημιουργηθούν δεσμοί με την Κίνα και την Ινδία, οι οποίες επίσης βιώνουν μια περίοδο ειρήνης. Δυτικά υφάσματα, μέταλλα και κρασιά ανταλλάχθηκαν με μετάξι, βαμβάκι και ανατολίτικα μπαχαρικά.

Αυτή η εμπορική επέκταση διευκολύνθηκε επίσης από την τεχνική πρόοδο και τη συνεχή βελτίωση των μεταφορών. Τα πλοία ήταν ταχύτερα και μπορούσαν να μεταφέρουν περισσότερα εμπορεύματα, οι πλωτές οδοί συντηρούνταν καλύτερα και νέοι δρόμοι κατασκευάστηκαν κατά μήκος των Άλπεων. Οι αποστάσεις φαίνονταν μικρότερες και το εμπόριο αυξανόταν.

 ## ΤΕΧΝΙΚΕΣ ΚΑΙΝΟΤΟΜΙΕΣ

Οι ναυτικές τεχνικές αναπτύχθηκαν τον 13ο αιώνα[e], βελτιώνοντας σημαντικά την αποτελεσματικότητα του ποτάμιου και θαλάσσιου εμπορίου. Η πυξίδα διευκόλυνε τον προσανατολισμό των πλοίων. Ο αστρολάβος, ένα μικρό αστρονομικό όργανο, ήταν πολύ χρήσιμο για την ανάγνωση των άστρων τη νύχτα. Τέλος, το πρυμναίο πηδάλιο, το οποίο συνδεόταν στην πρύμνη των πλοίων με ένα σύστημα μεντεσέδων, επέτρεπε τον καλύτερο έλεγχο της κατεύθυνσης των πλοίων.

Αλλά στις αρχές του ΔΕΚΑΤΟΥ ΠΕΜΠΤΟΥ αιώνα[e] επιβράδυνε και στη συνέχεια διέκοψε αυτή τη δυναμική. Σαν προοίμιο του τέλους του κόσμου, πολλές συμφορές έπληξαν τη Δύση, σαν να είχαν συγκεντρωθεί εκεί οι τέσσερις καβαλάρηδες της Αποκάλυψης για να αφήσουν στο πέρασμά τους πολέμους, εξεγέρσεις, λιμούς και επιδημίες. Οι πολιτικές αναταραχές πολλαπλασιάστηκαν, ιδίως μεταξύ Γαλλίας και Αγγλίας (Εκατονταετής Πόλεμος, 1337-1453) και οι διάφορες διαμάχες για την εξουσία στην Ιταλία. Ένα κλίμα που ήταν λιγότερο ευνοϊκό για τη γεωργία οδήγησε σε λιμούς και ελλείψεις τροφίμων σε όλη την Ευρώπη. Επιπλέον, η ευλογιά και η πανούκλα εξαπλώθηκαν με τρομακτικό ρυθμό.

 ## ΤΟ ΗΞΕΡΕΣ ΑΥΤΟ;

Πείνα σημαίνει ότι ένας πληθυσμός έχει έλλειψη τροφής, αλλά με λιγότερο δραματικό τρόπο από ό,τι σε έναν λιμό. Οι λιμοί ήταν πολύ συνηθισμένοι στον Μεσαίωνα: οι αγρότες συνήθως πεινούσαν. Οι λιμοί, από την άλλη πλευρά, ήταν πιο ασυνήθιστοι, αλλά παρόλα αυτά εμφανίζονταν τακτικά κατά τη διάρκεια αυτής της περιόδου.

Η ΠΕΙΝΑ, ΕΝΑ ΚΛΙΜΑΤΙΚΟ ΠΡΟΒΛΗΜΑ

Η πείνα ήταν μια από τις πολλές κοινές ασθένειες του Μεσαίωνα. Τα χρονικά το αναφέρουν στο τέλος του ΔΕΚΑΤΟΥ ΤΡΙΤΟΥ ΑΙΩΝΑ[e] και κατά διαστήματα καθ' όλη τη διάρκεια του ΕΙΚΟΣΤΟΥ ΑΙΩΝΑ[e] και στις αρχές του ΕΙΚΟΣΤΟΥ ΑΙΩΝΑ[e] . Συμβολίζεται από τον τρίτο από τους καβαλάρηδες της Αποκάλυψης, η πείνα πλήττει τη φαντασία της εποχής με τρομερές υπερφυσικές εικόνες.

Ωστόσο, οι αιτίες είναι σχετικά απλές. Η γεωργία είναι εύθραυστη και πολύ ευαίσθητη στα κλιματικά ατυχήματα. Πάρα πολλές βροχές, ένας χειμώνας που είναι λίγο πιο μακρύς ή ένα καλοκαίρι που είναι λίγο πιο ξηρό, και οι συνέπειες είναι καταστροφικές για τις καλλιέργειες. Ιδιαίτερα δεδομένου ότι οι αποθηκευτικές ικανότητες ήταν χαμηλές εκείνη την εποχή. Επιπλέον, οι πόλεμοι είχαν σοβαρές επιπτώσεις στη γεωργία, όχι μόνο λόγω της κινητοποίησης των ανδρών – οι οποίοι δεν εργάζονταν πλέον στα χωράφια – αλλά και λόγω των καταστροφών που προκαλούσαν.

Οι παράκτιες πόλεις, κυρίως κατά μήκος της Μεσογείου ή της Βαλτικής Θάλασσας, πλήττονται λιγότερο από τους λιμούς, επειδή απολαμβάνουν ηπιότερο κλίμα. Οι πλούσιες ιταλικές πόλεις-κράτη, όπως η Βενετία και η Γένοβα, έμειναν σχετικά ανεπηρέαστες. Ήταν ευκολότερο να προμηθεύονται και γενικά επένδυσαν τα απαραίτητα κεφάλαια για να εγγυηθούν τις προμήθειες, ακόμη και αν αυτό σήμαινε χρέος.

Το 1280, η άνοδος της τιμής των σιτηρών ήταν το πρώτο προειδοποιητικό σήμα: η παραγωγή μειώθηκε. Η κατάσταση έγινε πιο περίπλοκη από τη δεκαετία του 1310 και μετά, μια περίοδος που χαρακτηρίστηκε από μια διαρκή πτώση της θερμοκρασίας στη Δύση. Αυτό έγινε αργότερα γνωστό ως Μικρή Εποχή των Παγετώνων. Οι χειμώνες διαρκούσαν περισσότερο και τα καλοκαίρια ήταν ιδιαίτερα βροχερά, ένας συνδυασμός που είχε αρνητικό αντίκτυπο στις συγκομιδές. Πολλοί λιμοί, εξαπλωμένοι σε μεγάλες γεωγραφικές περιοχές, ήταν το αποτέλεσμα αυτών των κακών συνθηκών. Ωστόσο, παρά τους πολλούς θανάτους, ο πληθυσμός ανακάμπτει αρκετά γρήγορα. Ο λιμός από μόνος του δεν οδηγεί σε πραγματική δημογραφική μείωση, αλλά η ζημιά που προκαλεί δεν πρέπει να λαμβάνεται ελαφρά υπόψη: σε συνδυασμό με άλλους λιμούς, προκαλεί πραγματική οικονομική ύφεση και γενική παρακμή.

Ο Μαύρος Θάνατος έχει μερικές φορές θεωρηθεί ως η φυσική συνέπεια αυτής της παγκόσμιας ανισορροπίας. Ενώ αυτή η μαλθουσιανή ερμηνεία μπορεί να φαίνεται ελκυστική, είναι πλέον ξεπερασμένη.

 ΤΟ ΗΞΕΡΕΣ ΑΥΤΟ;

Η μαλθουσιανή ερμηνεία, που πήρε το όνομά της από τον Τόμας Μάλθους (1766-1834), εμφανίζεται στο *δοκίμιο για την αρχή του πληθυσμού*, που γράφτηκε το 1798. Σε αυτό, ο Αγγλικανός επίσκοπος εξηγεί ότι κάθε πληθυσμός έχει ένα φυσικό όριο, το οποίο καθορίζεται από τους διαθέσιμους πόρους. Μόλις επιτευχθεί το όριο, ο πληθυσμός "ρυθμίζεται" από καταστροφές όπως πόλεμοι, λιμοί ή επιδημίες.

Από τον ΔΕΚΑΤΟ ΤΡΙΤΟ ΑΙΩΝΑ[e] ο δυτικός πληθυσμός είχε ήδη φτάσει στα όριά του. Καθαρίζοντας τη γη, οι αγρότες είχαν μετατρέψει όλη την εύφορη γη σε χωράφια. Επομένως, ο πληθυσμός είχε φτάσει στο μέγιστό του όσον αφορά τις διαθέσιμες καλλιέργειες δημητριακών. Ωστόσο, ο πληθυσμός παρέμεινε σταθερός μέχρι τα μέσα του 15ΟΥ ΑΙΩΝΑ[e] . Επομένως, ο Μαύρος Θάνατος δεν εμφανίστηκε τη στιγμή που ο πληθυσμός έφτασε σε ένα κρίσιμο όριο, σαν μια θεία απόφαση που αποσκοπούσε στη ρύθμιση της δημογραφίας. Είναι όμως αλήθεια ότι η πανδημία αυτή εκδηλώθηκε σε ένα ήδη δύσκολο πλαίσιο, το οποίο αναμφίβολα συνέβαλε στην έκταση της καταστροφής της.

ΣΥΧΝΕΣ ΠΟΛΙΤΙΚΕΣ ΑΝΑΤΑΡΑΧΕΣ

Οι πολιτικές αντιπαραθέσεις ήταν πολλές τον 15ο αιώνα[e] . Θα ήταν μάταιο να προσπαθήσει κανείς να απαριθμήσει όλους τους ιδιωτικούς πολέμους που έλαβαν χώρα κατά τη διάρκεια του Μεσαίωνα, τα κίνητρα των οποίων ήταν συνήθως τα πιο ασήμαντα: εκδίκηση για μια αδικία, η επιθυμία επέκτασης της επικράτειας ή απλά αντίποινα για μια επίθεση στην αυτοεκτίμηση.

Περισσότερες παγκόσμιες συγκρούσεις σημάδεψαν επίσης αυτόν τον αιώνα. Ολόκληρη η Ιταλία βρισκόταν στη δίνη πολιτικών, οικονομικών και κοινωνικών αναταραχών. Αλλά η πιο διάσημη σύγκρουση ήταν ο Εκατονταετής Πόλεμος, ο οποίος ξεκίνησε μια δεκαετία πριν από την επιδημία πανώλης. Έφερε τα βασίλεια της Γαλλίας και της Αγγλίας αντιμέτωπα μεταξύ τους σε μια σειρά από αντιπαραθέσεις που άφησαν ανεξίτηλα σημάδια στην Ευρώπη. Αν και υπήρχαν πολλές αιτίες για τον πόλεμο αυτό, δύο στοιχεία ξεχωρίζουν ιδιαίτερα. Πρώτον, ο βασιλιάς της Αγγλίας ήταν υποτελής του βασιλιά της Γαλλίας για τα εδάφη που κατείχε στην ήπειρο και η αγγλική μοναρχία ήθελε να απαλλαγεί από αυτές τις υποχρεώσεις.

Ο υποτελής είναι ένας ελεύθερος άνθρωπος που υπόσχεται πίστη, βοήθεια -συχνά οικονομική- και συμβουλές στον κύριό του, ο οποίος θεωρείται ισχυρότερος από αυτόν. Σε αντάλλαγμα, ο άρχοντας παρέχει προστασία και υποστήριξη στον υποτελή του.

Ο δεύτερος λόγος σχετίζεται με το πρόβλημα της διαδοχής. Όταν οι τρεις γιοι του Γάλλου βασιλιά Φίλιππου του Ωραίου (1268-1314) πέθαναν χωρίς κληρονόμους, βασιλιάς στέφθηκε ο ξάδελφός τους Φίλιππος του Βαλουά (1293-1350). Όμως ο ανιψιός τους, ο Εδουάρδος (1239-1307), που ήταν ήδη βασιλιάς της Αγγλίας, αμφισβήτησε την απόφαση αυτή. Οι τελευταίοι άνοιξαν τις εχθροπραξίες το 1337, επιτέθηκαν στην ήπειρο και στη συνέχεια έστειλαν τον γαλλικό στόλο στον βυθό της θάλασσας στη μάχη του L'Écluse (1340). Κατά τη διάρκεια του Μαύρου Θανάτου, οι Άγγλοι κυριάρχησαν στις μάχες, μέχρι που έλεγξαν το ένα καλό τρίτο της Γαλλίας το 1360. Μια αγγλο-γαλλική μοναρχία εγκαθιδρύθηκε το 1422. Μόνο με την παρέμβαση της Ιωάννας της Λωραίνης (1412-1431) οι Γάλλοι ανέκτησαν τα εδάφη τους, με εξαίρεση το Καλαί (1453).

Θα ήταν ακριβέστερο να ονομάσουμε αυτόν τον αγώνα "Εκατονταετείς Πόλεμοι", δεδομένου ότι στην πραγματικότητα δεν ήταν μια τεράστια σύγκρουση στην οποία συγκρούονταν καθημερινά αμέτρητα ένοπλα στρατεύματα. Είναι πιο ακριβές να το θεωρήσουμε ως μια σειρά συγκρούσεων που διήρκεσαν έναν αιώνα, οι οποίες συνδέονταν με την πικρή μνησικακία των δύο βασιλείων. Με εξαίρεση μερικές μεγάλες μάχες, λίγοι άνθρωποι σκοτώνονται στις συγκρούσεις και οι μαχητές είναι σχετικά λίγοι σε αριθμό.

Εν τω μεταξύ, στρατιώτες και μισθοφόροι διασχίζουν τη χώρα προς όλες τις κατευθύνσεις, καταστρέφοντας καλλιέργειες και χωριά. Σε περιόδους εκεχειρίας, η κατάσταση είναι ακόμη χειρότερη. Οι στρατιώτες, οι οποίοι δεν λαμβάνουν πλέον τον μισθό τους, ζουν από τους κατοίκους. Λεηλάτησαν τους χωρικούς, τους βασάνισαν και εγκαταστάθηκαν ακόμη και στα κάστρα που εγκατέλειψαν οι αιχμάλωτοι άρχοντες. Ωστόσο, αν υπάρχει βία, είναι πολύ σπάνιο να επικρατήσει η αναρχία σε μια περιοχή. Οι άρχοντες που στάθηκαν στο ύψος τους διατήρησαν γενικά την τάξη στα εδάφη τους. Δυστυχώς, αυτές οι μετακινήσεις στρατευμάτων, είτε ασκούν πόλεμο είτε ληστεία, διευκολύνουν την εξάπλωση των επιδημιών.

Ο ΜΑΥΡΟΣ ΘΑΝΑΤΟΣ

ΜΙΑ ΜΑΣΤΙΓΑ ΑΠΟ ΤΗΝ ΑΣΙΑ

Οι μεσαιωνικοί χρονογράφοι μιλούν για ένα "κακό που σκορπά τον τρόμο" προερχόμενο από την Ινδία ή την Κίνα, κάτι που επιβεβαιώνεται από την τρέχουσα έρευνα (όπως αναφέρεται από τον BALARD (Michel), "Les semeurs de peste", στο *L'Histoire*, n° 262, Φεβρουάριος 2002, σ. 18). Η πανούκλα εμφανίστηκε στην Κίνα ήδη από το 1331 και εξαπλώθηκε σε κάθε γωνιά της αυτοκρατορίας μέχρι το 1393. Αποδεκάτισε το ένα τρίτο του κινεζικού πληθυσμού, δηλαδή περισσότερους από 35 εκατομμύρια κατοίκους. Οι επιδημίες πανούκλας εξαπλώθηκαν στη συνέχεια αμείλικτα σε όλη την ήπειρο, καθώς οι άνθρωποι μετακινούνταν κατά μήκος των εμπορικών δρόμων. Το 1338, η πανούκλα έφτασε στην Κεντρική Ασία, πριν χτυπήσει την ένδοξη πόλη της Σαμαρκάνδης στο σημερινό Ουζμπεκιστάν. Η ασθένεια εξαπλώθηκε στα Μογγολικά χανάτα (ηγεμονίες) και έφτασε στη Μαύρη Θάλασσα το 1346, στην πύλη προς την Ευρώπη.

 ## ΤΟ ΗΞΕΡΕΣ ΑΥΤΟ;

ᵉΗ λέξη "πανούκλα", από το λατινικό *pestis* ("επιδημία, πανούκλα"), δεν εμφανίστηκε μέχρι τον 19ο ΑΙΩΝΑ. Οι μεσαιωνικοί χρονικογράφοι χρησιμοποιούσαν τους όρους "λοιμός", "δηλητηρίαση" ή "θνησιμότητα". Επιπλέον, ο όρος "Μαύρος Θάνατος" δεν χρησιμοποιείται για να αναφερθεί στο χρώμα των πτωμάτων ή των μπουμπουκιών – κάτι που δεν ισχύει. Το επίθετο χρησιμεύει στην πραγματικότητα για να τονίσει την ιδιαίτερα σκοτεινή, ζοφερή και τρομακτική φύση της επιδημίας.

Η περιοχή ήταν διάσπαρτη με εμπορικούς σταθμούς της Γένοβας και της Βενετίας, οι οποίοι εκείνη την εποχή βρίσκονταν σε σύγκρουση με τους μογγολικούς στρατούς. Μετά από εμπορικές διαμάχες και ταραχές μεταξύ χριστιανών και μουσουλμάνων, ο Χαν (ηγεμόνας) Djanibeg (πέθανε το 1357) αποφάσισε να διώξει τους δυτικούς από την περιοχή. Το 1344, πολιόρκησε τον γενοβέζικο εμπορικό σταθμό Κάφα στην Κριμαία, αλλά ένας μεγάλος ιταλικός στρατός ανακούφισης τον ανάγκασε να υποχωρήσει. Δύο χρόνια αργότερα, ο μογγολικός στρατός επέστρεψε στην επίθεση, αλλά αυτή τη φορά αποδεκατίστηκε από επιδημία πανώλης. Κρατούμενος υπό έλεγχο, αποδυναμωμένος από τους χιλιάδες θανάτους, ο Χαν αποφάσισε να εκτοξεύσει μολυσμένα πτώματα πάνω από τα τείχη. Οι πολιορκημένοι έσπευσαν να πετάξουν τους νεκρούς πίσω στη θάλασσα, αλλά ήταν ήδη πολύ αργά: η πανούκλα εξαπλωνόταν μέσα στα τείχη. Αυτή ήταν η πρώτη περίπτωση βιολογικής επίθεσης στην ιστορία.

Ωστόσο, αρκετοί ιστορικοί αμφισβητούν τη γνησιότητα αυτού του ανέκδοτου που αναφέρει ένας χρονογράφος της εποχής, ο Gabriele de Mussi (1280-1356). Είναι βέβαιο ότι ο πληθυσμός της Kaffa αποδεκατίστηκε από επιδημία εκείνη την εποχή, αλλά μπορεί να μεταδόθηκε από αρουραίους που περνούσαν μέσα από τις οχυρώσεις. Όποια κι αν ήταν όμως η πραγματική αιτία, η Κάφα ήταν σημαντικός εμπορικός σταθμός για την Ευρώπη, με μεγάλη θαλάσσια κίνηση. Κατά συνέπεια, τα γενοβέζικα πλοία πρέπει να έφυγαν από το λιμάνι για να επιστρέψουν στην Ευρώπη την εποχή του συμβάντος, μεταφέροντας στα αμπάρια τους τον Μαύρο Θάνατο που θα κατέστρεφε τη Δύση για τους επόμενους αιώνες.

ΤΑΧΕΙΑ ΕΞΑΠΛΩΣΗ

Από την πόλη Kaffa, η πανούκλα εξαπλώθηκε καθώς τα πλοία καλούσαν. Έφτασε για πρώτη φορά στο Πέρα, ένα γενοβέζικο εμπορικό σταθμό όχι μακριά από την Κωνσταντινούπολη, το καλοκαίρι του 1347. Στη συνέχεια η επιδημία εξαπλώθηκε κατά μήκος της Μαύρης Θάλασσας, στην Ελλάδα, τα νησιά του Αιγαίου, την Κύπρο, την Κρήτη και την Αίγυπτο. Κάθε πληγείσα πόλη αποτελούσε μια νέα εστία που διέσπειρε τη μόλυνση προς όλες τις κατευθύνσεις.

Στα τέλη του 1347, τα γενοβέζικα πλοία έφτασαν στη Μασσαλία. Η πανούκλα ήταν ιδιαίτερα βίαιη εκεί. Σε ορισμένους δρόμους, όλοι οι κάτοικοι πέθαναν μέσα σε λίγες εβδομάδες. Από αυτό το σταυροδρόμι, η επιδημία εξαπλώθηκε πολύ γρήγορα: στη βόρεια Ισπανία, την Κορσική, την Προβηγκία, τη Σαρδηνία και τη βόρεια Ιταλία. Η ασθένεια έφτασε στην Αβινιόν, όπου ο Πάπας είχε την έδρα του από το 1309. Έξι καρδινάλιοι και 93 μέλη της παπικής αυλής αποδεκατίστηκαν το 1348.

Η πανούκλα κυκλοφορούσε ταχύτερα κατά μήκος των κύριων οδών επικοινωνίας και κατά τη διάρκεια του καλοκαιριού, όταν η κυκλοφορία ήταν πιο έντονη. Σε μια θλιβερή τροπή της μοίρας, το πυκνό και ταχύτατο εμπορικό δίκτυο που στήριξε την ανάπτυξη της Δύσης τον 13ο ΑΙΩΝΑ^e επιτάχυνε τη λαίλαπα της νόσου τον επόμενο αιώνα.

Το 1348, ολόκληρη η Γαλλία επλήγη από επιδημίες, οι οποίες εξαπλώθηκαν κατά μήκος των ποταμών Ρον, Σαόν, Σηκουάνα και Ρήνου. Την ίδια χρονιά, οι Κάτω Χώρες ανέφεραν τα πρώτα κρούσματα πανώλης στη Γάνδη και τις Βρυξέλλες. Από εκεί, η επιδημία διέσχισε τη Μάγχη και αποδεκάτισε την Αγγλία, όπου το Λονδίνο πλήρωσε βαρύ τίμημα. Ακολουθώντας τον Ρήνο, εισέβαλε στη Γερμανία και την Ελβετία. Ο βορράς της Ευρώπης δεν γλίτωσε. Το 1349 και το 1350, η Νορβηγία και η Σουηδία υπέφεραν από την ασθένεια, πριν εξαπλωθεί στη Σκωτία, την Ισλανδία και τη Γροιλανδία. Το 1351, η επιδημία κατέστρεψε τη Ρωσία, παίρνοντας μαζί της τον Μεγάλο Δούκα της Μόσχας και τον Ανώτατο Πατριάρχη της Ορθόδοξης Εκκλησίας. Στη συνέχεια η πανούκλα έφτασε στην Κριμαία, το σημείο προέλευσής της, πριν εξαφανιστεί αυθόρμητα. Η επιδημία έγινε πανδημία.

Ορισμένες περιοχές παραδόξως γλίτωσαν. Ενώ αυτό μπορεί εύκολα να εξηγηθεί για μερικές απομονωμένες πόλεις στα βουνά, είναι πιο δύσκολο για ορισμένες περιοχές του σημερινού Βελγίου (Hainaut και Limburg), οι οποίες αναφέρουν χαμηλότερο ποσοστό μόλυνσης από ό,τι αλλού, παρόλο που είναι κόμβοι επικοινωνίας. Αλλά η κατάσταση αυτή ήταν μόνο προσωρινή: η πανούκλα ξέσπασε εκεί μεταξύ 1360 και 1363.

Δεν πλήττονται όλες οι πόλεις εξίσου από την πανούκλα. Μια πόλη όπως η Βενετία αποδεκατίστηκε κυριολεκτικά. Μεταξύ 1347 και 1349 μέτρησε περίπου 90.000 θύματα, δηλαδή το 60% του πληθυσμού της. Η κατάσταση αυτή ήταν ακόμη πιο εκπληκτική, δεδομένου ότι η πόλη έλαβε πολύ γρήγορα μέτρα για την καταπολέμηση της νόσου. Η Βενετία απλωνόταν σε μια σειρά από νησιά, μια στρατηγική θέση που της επέτρεπε να ελέγχει εύκολα τη διακίνηση αγαθών και ανθρώπων.

Τα πλοία αναγκάστηκαν να αγκυροβολήσουν στα ανοιχτά για 40 ημέρες πριν τους επιτραπεί να εισέλθουν στο λιμάνι. Όσο για τους νεκρούς, θάβονται σε απομονωμένα νησιά σε βάθος τουλάχιστον 1,5 μέτρου. Αλλά τίποτα δεν λειτουργεί. Παρά τα κατάλληλα μέτρα, η Βενετία έχει ένα από τα υψηλότερα ποσοστά θνησιμότητας στη Δύση.

Αντίθετα, μια πόλη όπως το Μιλάνο χάνει "μόνο" το 15% του πληθυσμού της, σε σύνολο 100.000 κατοίκων. Είναι αλήθεια ότι η ολιγαρχία που βρίσκεται στην εξουσία σε αυτή την πόλη έχει τα μέσα να επιβάλει έκτακτα μέτρα. Οι μολυσμένες οικογένειες είναι κλεισμένες στα σπίτια τους και τρέφονται από απόσταση με ένα σύστημα συρόμενων καλαθιών. Αυτό όμως δεν εξηγεί την τεράστια διαφορά στη θνησιμότητα με τη Βενετία, η οποία έλαβε επίσης μέτρα για τον περιορισμό της εξάπλωσης της νόσου.

Στο Λονδίνο, οι αριθμοί αντιστοιχούν στο μέσο ευρωπαϊκό ποσοστό θνησιμότητας: μεταξύ 20 και 50% ενός πληθυσμού 50.000 ατόμων πέθανε. Ωστόσο, η κλίμακα της καταστροφής ήταν ακόμη σημαντική. Το καλοκαίρι του 1348, 290 κάτοικοι πέθαιναν κάθε μέρα. Τα πτώματα έπρεπε να απομακρυνθούν το συντομότερο δυνατό για να αποφευχθεί ο κίνδυνος μόλυνσης. Με 12 ώρες φωτός την εποχή αυτή, αυτό σημαίνει ότι μια ταφή πραγματοποιείται κατά μέσο όρο κάθε δυόμισι λεπτά.

Μόνο ένας εστεμμένος υπέκυψε στην ασθένεια: ο Αλφόνσο XI της Καστίλης (1311-1350), κατά τη διάρκεια της πολιορκίας του Γιβραλτάρ. Οι ισχυροί γλίτωσαν σχετικά σε σχέση με τους φτωχούς. Οι φτωχοί πλήρωσαν το βαρύτερο τίμημα, καθώς συνωστίζονταν στις παραγκουπόλεις των πόλεων. Αν και η πανούκλα χτυπούσε συχνότερα τις αστικές περιοχές, η ύπαιθρος δεν γλίτωσε: δεν πρέπει να ξεχνάμε ότι το 90% του πληθυσμού ήταν αγροτικός εκείνη την εποχή.

Ορισμένες κατηγορίες ανθρώπων επηρεάζονται περισσότερο από άλλες. Αυτό ισχύει για τους γιατρούς, τους χειρουργούς και τους νεκροθάφτες, οι οποίοι είναι οι πρώτοι που ασχολούνται με τους ασθενείς και τους νεκρούς. Το ίδιο συμβαίνει και με τους συμβολαιογράφους, οι οποίοι συντάσσουν διαθήκες, ή τους ιερείς, οι οποίοι καλούνται συνεχώς να τελούν την τελευταία τελετή. Το παράδειγμα της Περπινιάν είναι αρκετά αποκαλυπτικό: η πόλη έχασε το 50% του πληθυσμού της, συμπεριλαμβανομένου του 60% των δικηγόρων και συμβολαιογράφων της, και έως και το 75% του τακτικού κλήρου της. Μόνο δύο από τους οκτώ γιατρούς επέζησαν από την επιδημία.

Η έλλειψη ανθρώπων του Θεού ήταν ιδιαίτερα προβληματική σε μια τέτοια θρησκευτική κοινωνία. Στην Αγγλία, πάνω από το 40% του κλήρου εξαφανίστηκε, έτσι ώστε ο επίσκοπος του Bath and Wells έγραψε το 1349: "Ανακοινώστε σε όλους ότι, αν πρόκειται να πεθάνουν, μπορούν να εξομολογηθούν ο ένας στον άλλον, ακόμα και σε μια γυναίκα". (Παρατίθεται στο Naphy (William) και SPICER (Andrew), *The Black Death. 1345-1730*, Παρίσι, Autrement, 2005, σ. 29). Το να επιτρέπεται στις γυναίκες να συμμετέχουν στα μυστήρια έχει γίνει στο παρελθόν, σε περιπτώσεις έκτακτης ανάγκης, αλλά ένα τέτοιο μέτρο παραμένει ιδιαίτερα εξαιρετικό. Δείχνει ξεκάθαρα την έκταση της καταστροφής στις τάξεις του κλήρου και τον φόβο να φύγει κανείς για τη μετά θάνατον ζωή χωρίς να έχει εξομολογηθεί πρώτα.

ΕΝΑ ΑΡΧΑΙΟ ΚΑΚΟ

Αναζητώντας απαντήσεις για τον Μαύρο Θάνατο, ορισμένοι μεσαιωνικοί επιστήμονες ψάχνουν στα αρχεία του παρελθόντος. Γιατί η πανούκλα δεν προέρχεται από τον 15ο ΑΙΩΝΑ[e]. Πιστεύεται ότι εμφανίστηκε στην Κεντρική Ασία πριν από 20.000 χρόνια. Ωστόσο, οι αρχαίες πηγές που μαρτυρούν την ύπαρξή του είναι λίγες και συχνά πολύ ασαφείς. Έτσι, το 430 π.Χ., ο Θουκυδίδης (ιστορικός) Ο Θουκυδίδης (Έλληνας ιστορικός, περ. 460-μετά το 395 π.Χ.) μιλάει για μια "πανούκλα" που έπληξε την Αθήνα, η οποία εκ πρώτης όψεως θα μπορούσε να συνδεθεί με την πανούκλα, αλλά οι σημερινές μελέτες δείχνουν μάλλον μια επιδημία τυφοειδούς πυρετού. Εν πάση περιπτώσει, οι πηγές δεν είναι αρκετά σαφείς ώστε να επιβεβαιωθεί με βεβαιότητα ότι επρόκειτο για την πανώλη.

Από την άλλη πλευρά, επί βυζαντινού αυτοκράτορα Ιουστινιανού Α'[er] (482-565), πρόσφατες αρχαιολογικές ανασκαφές επιβεβαιώνουν την παρουσία του βάκιλλου της πανώλης. Αυτή ήταν η πρώτη πανδημία, που πιθανότατα ξεκίνησε από την Αίγυπτο, η οποία κατέστρεψε ολόκληρη τη λεκάνη της Μεσογείου μεταξύ 541 και 767. Λειτουργούσαν οι ίδιοι μηχανισμοί διάδοσης όπως και στον Μαύρο Θάνατο: η ασθένεια εξαπλώθηκε από λιμάνι σε λιμάνι και στη συνέχεια κατά μήκος των εμπορικών δρόμων. Από την Αλεξάνδρεια, η πανούκλα έφτασε στην Κωνσταντινούπολη, εξαπλώθηκε στα λιμάνια της Μεσογείου και ταξίδεψε στους ποταμούς Ρόδον και Ρήνο μέχρι το Τρίερ. Όταν ο επίσκοπος Γρηγόριος της Τουρ (538-594) επισκέφθηκε το Κλερμόν-Φεράν, μια πόλη που επλήγη από την επιδημία, ανέφερε: "Καθώς τα φέρετρα και οι σανίδες ήταν σε ανεπάρκεια, δέκα ή και περισσότερα πτώματα θάφτηκαν στον ίδιο τάφο... Σε μια ορισμένη Κυριακή, στη Βασιλική του Αγίου

Πέτρου, μετρήθηκαν μέχρι και 300 πτώματα". (Παρατίθεται από τον BARRY (Stéphane), "La Peste noire", στο *L'Histoire*, αριθ. 310, Ιούνιος 2006, σ. 42) Η Βυζαντινή Αυτοκρατορία έχασε πιθανότατα το ένα τέταρτο του πληθυσμού της εκείνη την εποχή, και η οικονομία της είχε καταστραφεί.

ΜΙΑ ΣΥΓΧΡΟΝΗ ΑΠΑΝΤΗΣΗ

Σήμερα γνωρίζουμε ότι η πανούκλα προέρχεται από ένα βακτήριο, το *Yersinia pestis*, το οποίο ανακαλύφθηκε μόλις το 1894 από τον Alexandre Yersin (Γάλλος βακτηριολόγος, 1863-1943). ᵉΚατά τη διάρκεια της ασιατικής πανδημίας στα τέλη του 19ου αιώνα, ο Yersin ανέλυσε φυσαλίδες από πτώματα που είχαν προσβληθεί από πανούκλα στο Χονγκ Κονγκ προκειμένου να απομονώσει το βακτήριο. Τέσσερα χρόνια αργότερα, ο Paul-Louis Simond (1858-1947) ανακάλυψε στην Ινδία ότι οι ψύλλοι ήταν ο φορέας της νόσου. Η εξήγηση για τον Μαύρο Θάνατο ήταν επιτέλους εφικτή.

Η πανούκλα εξαπλώθηκε πρώτα στους αρουραίους. Οι αρουραίοι απέφευγαν την επαφή με τους ανθρώπους, αλλά εξακολουθούσαν να ευδοκιμούν στις φτωχογειτονιές του Μεσαίωνα, κρυμμένοι από τα μάτια των ανθρώπων. Όταν τα τρωκτικά αποδεκατίστηκαν από τον βάκιλο της πανώλης, οι ψύλλοι που μετέφεραν την ασθένεια στράφηκαν στο πρώτο ζεστό σώμα που μπορούσαν να φτάσουν: τον άνθρωπο. Όταν η συγκέντρωση της *Yersinia pestis* γίνεται πολύ υψηλή στον πεπτικό σωλήνα του ψύλλου, ο ψύλλος φτύνει αίμα αντί να το πάρει από τον ξενιστή του. Στη συνέχεια, ο ξενιστής μολύνεται και, μετά από μια περίοδο επώασης περίπου έξι ημερών, αναπτύσσει υψηλό πυρετό. Ο ασθενής υπόκειται σε σπασμούς, ναυτία και παραισθήσεις. Οι λεμφαδένες διογκώνονται και σχηματίζουν πολύ επώδυνες φουσκάλες, οι οποίες τελικά εκρήγνυνται. Οι περισσότεροι θάνατοι οφείλονται σε εσωτερική αιμορραγία ή καρδιακή προσβολή.

 ΤΟ ΗΞΕΡΕΣ ΑΥΤΟ;

Υπάρχουν τρεις κύριοι τύποι πανώλης: βουβωνική, πνευμονική και σηψαιμική. Η βουβωνική πανώλη, ο πιο κοινός τύπος, μεταδίδεται απευθείας από ψύλλους που μεταφέρουν το βακτήριο *Yersinia pestis*. Μέσα σε λίγες ημέρες, ένας ή περισσότεροι λεμφαδένες μεγαλώνουν σε μέγεθος καρυδιού ή αυγού: αυτοί είναι οι φυσαλίδες. Ένας στους τέσσερις ασθενείς επιβιώνει από αυτόν τον τύπο πανώλης.

Η πνευμονική πανώλη είναι πάντα θανατηφόρα. Αναπτύσσεται με δύο τρόπους: είτε ο βάκιλος προσβάλλει τους πνεύμονες μετά τη βουβωνική μορφή, είτε ένα υγιές άτομο μολύνεται άμεσα από έναν ασθενή με πνευμονική μορφή. Οι μολυσμένοι άνθρωποι είναι εξαιρετικά μεταδοτικοί και μπορούν να μεταδώσουν την ασθένεια απλώς και μόνο με την αναπνοή. ᵉΗ εξαιρετικά ταχεία εξάπλωση του Μαύρου Θανάτου τον 15ο αιώνα υποδηλώνει ότι η πνευμονική μορφή είναι πιθανώς κοινή.

Η σηψαιμική πανώλη, μια πιθανή εξέλιξη των άλλων δύο μορφών, εμφανίζεται όταν υπάρχουν βακτήρια στο αίμα. Πάντα θανατηφόρα, η σηψαιμική πανώλη είναι συχνά καταστροφική, προκαλώντας θάνατο μέσα σε λίγες ώρες.

Πρέπει να σημειωθεί ότι πολλοί ερευνητές εξακολουθούν να αμφιβάλλουν ότι η επιδημία που αποδεκάτισε την Ευρώπη μεταξύ 1347 και 1352 προκλήθηκε από τον βάκιλο της πανώλης.

Οι υποψίες τους βασίζονται στο γεγονός ότι οι μεσαιωνικοί χρονογράφοι δεν αναφέρουν επιδημία μεταξύ των αρουραίων. Επιπλέον, πολλοί άνθρωποι εξακολουθούν να αναρωτιούνται πώς ο Μαύρος Θάνατος, ακόμη και στην πνευμονική του μορφή, μπορούσε να εξαπλωθεί τόσο γρήγορα. Πολλά ερωτήματα παραμένουν αναπάντητα. Ίσως ο Μαύρος Θάνατος να προκλήθηκε στην πραγματικότητα από μια μολυσματική ασθένεια, όπως ο άνθρακας, ο οποίος μετατρέπει το αίμα των θυμάτων του εντελώς μαύρο, ή ένας ιογενής αιμορραγικός πυρετός όπως ο Έμπολα. Οι περισσότεροι ερευνητές, ωστόσο, θεωρούν ότι υπάρχουν επαρκή στοιχεία που υποδηλώνουν ότι η ασθένεια προκλήθηκε από το βακτήριο *Yersinia pestis*.

ΕΠΙΠΤΩΣΕΙΣ

ΚΑΤΑΠΟΛΕΜΗΣΗ ΕΝΟΣ ΠΑΡΕΞΗΓΗΜΕΝΟΥ ΚΑΚΟΥ

Χωρίς τη βοήθεια της βιολογίας και της σύγχρονης ιατρικής, ο μεσαιωνικός άνθρωπος πρέπει να βρει τις δικές του λύσεις. Οι περισσότεροι από αυτούς, αντί να το πολεμήσουν, αποφασίζουν να φύγουν από αυτό το παρεξηγημένο κακό, γεγονός που δυστυχώς επιταχύνει την εξάπλωση της ασθένειας. Ο Μποκάτσιο (Ιταλός συγγραφέας, 1313-1475) αφηγείται στο *Δεκαήμερο* την ιστορία μιας ομάδας Φλωρεντινών που εξορίζονται για να γλιτώσουν από την πανούκλα. Μέσα από μια σειρά ιστοριών, ο συγγραφέας εξηγεί τη σημασία της επικούρειας φιλοσοφίας απέναντι στον Μαύρο Θάνατο: καθώς ο θάνατος μπορεί να χτυπήσει ανά πάσα στιγμή, πολλοί πέφτουν στη λαγνεία και την άμεση απόλαυση.

Η αντίδραση της Εκκλησίας είναι ριζικά διαφορετική. Μια τόσο φρικτή ασθένεια δεν μπορεί παρά να είναι θεϊκή τιμωρία. Η οργή του Παντοδύναμου πρέπει επομένως να κατευνάζεται με προσευχές, μετάνοια και σημάδια ταπεινότητας. Έτσι, στη Ρουέν απαγορεύονται τα παιχνίδια και οι προσβολές, προκειμένου να διευκολυνθεί η συγχώρεση. Ωστόσο, ήταν δύσκολο να βρεθούν άγιοι για να στραφούν, καθώς η προηγούμενη πανδημία είχε λάβει χώρα στην αρχαιότητα. Έτσι πολλοί χριστιανοί προσεύχονταν στην Παναγία, αναφερόμενοι στο γεγονός ότι σε κάποιες παραστάσεις σταμάτησε με τον μανδύα της τις βροχές από βέλη, σαν να έσπαγε μια πληγή που είχε πέσει από τον ουρανό. Αργότερα, ο λαός στράφηκε στον Άγιο Ρόχο, ο οποίος λέγεται ότι θεράπευσε τα θύματα της πανούκλας. Δυστυχώς, ορισμένες εκδηλώσεις ευσέβειας εξακολουθούν να επιταχύνουν την εξάπλωση της ασθένειας: αυτή είναι η περίπτωση των λιτανειών ή των προσκυνημάτων, για παράδειγμα.

Στα άκρα, κάποιοι υποστηρίζουν την κάθαρση μέσω του πόνου. Για να κατευνάσουν την οργή του Θεού, μαρτυρούν τα ίδια τους τα σώματα, όπως οι μαστιγωτές, μια αίρεση που υπάρχει κυρίως στη Γερμανία. Οι πομπές αυτών των βασανιστών εμφανίζονται σε ορισμένες πόλεις, σχηματίζουν κύκλο γύρω από μια εκκλησία και ξεκινούν την τελετουργία τους με τραγούδι. Το *Chronicon Henrici* de Hervordia (Δομινικανός ιστορικός, περίπου 1300-1370) περιγράφει την επέμβαση: "Κάθε μαστίγιο αποτελούνταν από ένα ραβδί με τρία δεμένα κορδόνια στην άκρη, τα οποία ήταν τρυπημένα στο κέντρο από δύο αιχμηρές μεταλλικές αιχμές, οι οποίες προεξείχαν εκατέρωθεν σχηματίζοντας έναν σταυρό [...]. Με αυτά τα μαστίγια μαχαίρωναν τα γυμνά τους σώματα μέχρι που έγιναν μια μάζα σάρκας [...] που έσταζε αίμα και πιτσιλιζόταν στους τοίχους" (αναφέρεται στο Naphy (William) και SPICER (Andrew), *The Black Death. 1345-1730*, p. 39). Τα κινήματα αυτά καταδικάστηκαν σκληρά από την Εκκλησία και τις δημόσιες αρχές. Οποιαδήποτε συγκέντρωση πλήθους αντιμετωπίστηκε πολύ αρνητικά εκείνη την εποχή. Και οι σημαιοφόροι κατέληξαν να εξαφανίζονται σαν την πανούκλα, βάναυσα.

Μεγάλοι ειδικοί υιοθέτησαν μια πιο ιατρική προσέγγιση της νόσου. Πολλές πραγματείες γράφτηκαν για το θέμα ήδη από το 1348. Αλλά οι θεραπείες ήταν συχνά αναποτελεσματικές, πολύ ακριβές και ακόμη και επικίνδυνες. Η τομή των φυσαλίδων, για παράδειγμα, ήταν εξαιρετικά επώδυνη και συχνά οδηγούσε στον θάνατο του ασθενούς. Από την άλλη πλευρά, παρόλο που η μετάδοση ήταν ακόμη ένα κάπως ασαφές φαινόμενο, οι άνθρωποι κατάλαβαν γρήγορα τον μηχανισμό και ως εκ τούτου απέφευγαν κάθε επαφή με τους μολυσμένους και τα υπάρχοντά τους.

Στις πόλεις, οι πολιτικοί ηγέτες είχαν την αόριστη αίσθηση ότι τα προβλήματα υγιεινής ευνοούσαν τις ασθένειες. Στην αρχή, απαγόρευσαν τη βρωμιά στους δρόμους και έβαλαν τα απόβλητα να μεταφέρονται έξω από τα τείχη. Στη συνέχεια θέσπισαν νομοθεσία για τα επαγγέλματα που θεωρούνταν "βρώμικα" και "δύσοσμα": επηρεάστηκαν οι κρεοπώλες, οι ιχθυοπώλες και οι βυρσοδέψες. Επιπλέον, όλα τα υπάρχοντα των θυμάτων της πανούκλας "απολυμάνθηκαν" γρήγορα με φωτιά.

Αν αυτά τα μέτρα δεν ήταν αρκετά, για τις νοοτροπίες της εποχής, αυτό σήμαινε ότι η μόλυνση ήταν πνευματικής φύσης. Οι άνθρωποι στράφηκαν τότε σε αποδιοπομπαίους τράγους, αυτούς που θεωρούσαν υπεύθυνους για την ηθική μόλυνση: Εβραίους, μουσουλμάνους, πόρνες, ζητιάνους, λεπρούς, αλήτες, ξένους ή ακόμη και φτωχούς. Οι Ιουδαίοι, που ακόμα συχνά θεωρούνται υπεύθυνοι για το θάνατο του Χριστού, ήταν οι πρώτοι που ανησύχησαν. Ο Πάπας Κλήμης ΣΤ' (1291-1352) προσπάθησε να τους στηρίξει με μια βούλα του Ιουλίου 1348, αλλά τα αποτελέσματά της παρέμειναν περιορισμένα: λίγους μήνες αργότερα, στο Στρασβούργο, 900 Εβραίοι κάηκαν πριν ξεσπάσει η πανούκλα στην πόλη.

Η ΠΑΝΟΥΚΛΑ, ΕΝΑ "ΣΥΝΗΘΙΣΜΕΝΟ" ΦΑΙΝΟΜΕΝΟ

Το 1352, η πανούκλα εξαφανίστηκε τόσο γρήγορα όσο είχε αρχίσει. Άφησε εκατομμύρια νεκρούς. Ο Πάπας Κλήμης ΣΤ' υπολόγισε ότι 24 εκατομμύρια άνθρωποι πέθαναν μεταξύ 1347 και 1352, σε έναν πληθυσμό 75 εκατομμυρίων – το ένα τρίτο της Δύσης. Στη σημερινή κλίμακα, αυτό θα σήμαινε 160 εκατομμύρια θανάτους στην Ευρωπαϊκή Ένωση μέσα σε πέντε χρόνια. Ορισμένες τρέχουσες εκτιμήσεις ανεβάζουν την απώλεια στο 50%. Ο πληθυσμός της Αγγλίας θα είχε μειωθεί από 7 εκατομμύρια σε 2 εκατομμύρια το 1400, μια δημογραφική μείωση σχεδόν 70%. Ωστόσο, λόγω έλλειψης ακριβών πηγών, είναι αδύνατο να υπολογιστεί ο ακριβής αριθμός των θυμάτων. Οι υλικές και ψυχολογικές συνέπειες μιας τέτοιας καταστροφής είναι ωστόσο τρομακτικές.

Η μεσαιωνική οικονομία διαταράσσεται ριζικά. Οι τιμές των γεωργικών προϊόντων εκτοξεύονται στα ύψη. Τα επαγγέλματα εξαφανίζονται εντελώς σε αρκετές πόλεις. Το εμπόριο επιβραδύνθηκε ή και σταμάτησε σε ορισμένες περιοχές. Οι πόλεις εισέπρατταν λιγότερους φόρους, καθώς οι φορολογούμενοι πέθαιναν κατά εκατοντάδες, ενώ το κόστος αντιμετώπισης της πανούκλας αυξανόταν. Η γενική αταξία διευκολύνει τις ληστείες και το έγκλημα. Οι πόλεμοι συνεχίστηκαν, οδηγώντας σε υψηλότερους φόρους, οι οποίοι προκάλεσαν εξεγέρσεις. Καθώς μόνο ο μισός πληθυσμός επιβιώνει από την επιδημία, η γη και ο πλούτος αναδιανέμονται και συγκεντρώνονται. Και αυτή είναι απλώς μια σύντομη επισκόπηση ορισμένων από τις οικονομικές συνέπειες.

Η πανούκλα δεν εξαφανίζεται οριστικά. Αντιθέτως, επιστρέφει με κανονικότητα κάθε οκτώ με δέκα χρόνια, παίρνοντας το μερίδιό του από πτώματα πριν εξαφανιστεί ξανά. Ο Μαύρος Θάνατος γίνεται τόσο φυσικός και αναπόφευκτος όσο οι πόλεμοι ή ο ρυθμός των εποχών. Το αστικό περιβάλλον, που πλήττεται πολύ περισσότερο από την ύπαιθρο, πρέπει να προσαρμοστεί σε αυτή τη νέα απειλή. Σε αντίθεση με την οπισθοδρομική Ανατολή, η οποία υπέστη την πανούκλα ως ατομική τιμωρία που θέλησε ο Θεός, η Δύση προσπάθησε να αντιδράσει. Η βελτίωση της υγιεινής, η δίωξη των απόκληρων και η πρακτική της καραντίνας εφαρμόστηκαν με διαφορετικό βαθμό επιτυχίας σε όλη την Ευρώπη. Ωστόσο, ο στόχος δεν ήταν γενικά να βρεθεί μια θεραπεία για την ασθένεια, αλλά μάλλον να περιοριστεί όσο το δυνατόν καλύτερα, έτσι ώστε οι κοινωνίες να μην οδηγηθούν σε αναρχία.

ΘΑΝΑΤΟΣ, ΒΙΑΙΟΣ ΚΑΙ ΑΠΡΟΣΩΠΟΣ

Στις αρχές του Μεσαίωνα, ο θάνατος θεωρούνταν μια φυσική, ειρηνική διαδικασία που αποτελούσε μέρος της τάξης των πραγμάτων. Ένας ετοιμοθάνατος συνοδευόταν από ολόκληρη την οικογένειά του, η οποία τον στήριζε σε αυτή τη δοκιμασία. Η τελευταία ιεροτελεστία γίνεται από τον ιερέα της ενορίας, γεγονός που εξασφαλίζει μια καλύτερη ζωή στη μετά θάνατον ζωή. Με τον Μαύρο Θάνατο, όμως, όλη αυτή η αντίληψη ανατρέπεται. Η πανούκλα χτυπάει τυχαία, εξαλείφοντας εντελώς ορισμένες οικογένειες, ακόμη και ορισμένα χωριά. Το πέρασμα στον άλλο κόσμο δεν είναι πλέον ήρεμο και γαλήνιο όταν τα σώματα των θυμάτων της πανούκλας σπαρταρούν από τον πόνο για να τα βλέπουν όλοι. Οι οικογένειες δεν υποστηρίζουν πλέον η μία την άλλη, διότι όταν ένας από αυτούς μολύνεται, οι άλλοι τρέχουν μακριά για να αποφύγουν τη μόλυνση. Τα πτώματα πέφτουν κατά εκατοντάδες κάθε μέρα, οι δημόσιοι τάφοι ξεχειλίζουν και η τελευταία τελετή είναι δύσκολο να πραγματοποιηθεί.

Η τέχνη του ΔΕΚΑΤΟΥ ΠΕΜΠΤΟΥ αιώνα[e] , όταν το θέμα του μακάβριου χορού εμφανίστηκε στην Ευρώπη, απεικονίζει αυτόν τον πανταχού παρόντα θάνατο. Πολυάριθμοι πίνακες απεικονίζουν σκελετούς και μούμιες να σέρνουν τους ζωντανούς σε έναν κολασμένο χορό. Ήταν επίσης εκείνη την εποχή που εμφανίστηκε η εικόνα του θεριστή: ο θάνατος παίρνει τους ζωντανούς κατά εκατοντάδες, θερίζει τους ζωντανούς σαν να μην ήταν τίποτα άλλο παρά άχυρο.

Ο ΑΝΤΙΚΤΥΠΟΣ ΕΙΝΑΙ ΑΙΣΘΗΤΟΣ ΑΚΟΜΗ ΚΑΙ ΣΗΜΕΡΑ

Ένα τραύμα αυτού του μεγέθους έχει αφήσει ίχνη που είναι ορατά ακόμη και σήμερα. Στην καθημερινή γλώσσα, για παράδειγμα, εκφράσεις όπως "φεύγω σαν την πανούκλα", "εξαπλώνομαι σαν την πανούκλα" ή "διαλέγω ανάμεσα στην πανούκλα και τη χολέρα" παραμένουν αρκετά αποκαλυπτικές.

Ο φόβος μιας νέας πανδημίας παραμένει ενσωματωμένος στη συλλογική φαντασία. Οι ταινίες ζόμπι είναι ένα τέλειο παράδειγμα αυτού του φαινομένου στη λαϊκή κουλτούρα. Υπάρχουν όμως και πιο συγκεκριμένες απειλές, όπως οι συναγερμοί για τον άνθρακα και τον Έμπολα που εμφανίζονται συνεχώς στις ειδήσεις. Αυτές οι επιδημίες υπενθυμίζουν ότι ένας νέος "μαύρος θάνατος" μπορεί να καταστρέψει μια ήπειρο.

Από την άλλη πλευρά, η εφεύρεση των αντιβιοτικών κατέστησε δυνατή την αποτελεσματική καταπολέμηση της πανούκλας. Το 1930 εμφανίστηκαν οι σουλφοναμίδες και το 1944 η στρεπτομυκίνη, η οποία παραμένει το καλύτερο φάρμακο μέχρι σήμερα. Ωστόσο, ο βάκιλος της πανώλης μπορεί να είναι ανθεκτικός και το φάρμακο πρέπει να χορηγηθεί πολύ σύντομα μετά τη μόλυνση του ασθενούς για να έχει πιθανότητα επιτυχίας. Από την άλλη πλευρά, παρά τις λίγες αυτές επιστημονικές προόδους, δεν υπάρχει ακόμη εμβόλιο για την προστασία από την πανούκλα, γεγονός που έχει τουλάχιστον τη θετική συνέπεια ότι η πανούκλα είναι δύσκολο να χρησιμοποιηθεί ως βιολογικό όπλο: είναι εξίσου επικίνδυνη για τους επιτιθέμενους όσο και για τα θύματα.

Η ασθένεια επιμένει σήμερα σε ορισμένα μέρη του κόσμου, ιδίως σε ανθυγιεινές, υποβαθμισμένες χώρες, όπου παραμένουν μολυσμένα τρωκτικά. Το Κουρδιστάν είναι ένα χαρακτηριστικό παράδειγμα, αλλά περιπτώσεις αναφέρονται τακτικά στην Κεντρική και Ανατολική Αφρική, το Βιετνάμ, την Ινδία, την Κίνα, τη Βραζιλία, ακόμη και τις Ηνωμένες Πολιτείες. Μια νέα πανδημία πανούκλας είναι ακόμη δυνατή σήμερα. Το 1994, η Ινδία χτυπήθηκε από μια επιδημία που ξεκίνησε από το Σουράτ, στα δυτικά της χώρας. Παρόλο που η ασθένεια προκάλεσε μόνο εκατό θύματα, αποκάλυψε ορισμένες αδυναμίες: την αργή αντίδραση της κυβέρνησης, τις ανθρωπιστικές οργανώσεις που δεν ανταποκρίθηκαν, τη διεθνή γνώμη που απλώς διέταξε τον αποκλεισμό των εμπορευμάτων και τις κινήσεις πανικού που διευκόλυναν την εξάπλωση του βάκιλλου. Η πανούκλα παραμένει μια απειλή που δεν πρέπει να αντιμετωπίζεται ελαφρά τη καρδία.

ΣΥΝΟΠΤΙΚΑ

- Η πανούκλα είναι μια μάστιγα που πλήττει την ανθρωπότητα εδώ και 20.000 χρόνια. Η πρώτη πανδημία έπληξε τη λεκάνη της Μεσογείου κατά την περίοδο του Ιουστινιανού, το 541, και παρέμεινε ενεργή μέχρι το 767. Η Βυζαντινή Αυτοκρατορία έχασε το ένα τέταρτο του πληθυσμού της και η οικονομία της καταστράφηκε. Στη συνέχεια η πανούκλα πέθανε με φυσικό τρόπο, χωρίς προφανή λόγο.

- Ο Μαύρος Θάνατος επανεμφανίστηκε στην Ινδία ή την Κίνα τον 15ο αιώνα[e] . Εξαπλώθηκε γρήγορα σε όλη την Ασία. Οι Μογγόλοι μπορεί να το χρησιμοποίησαν ως πολεμικό όπλο στην Kaffa, εκτοξεύοντας πτώματα γεμάτα πανούκλα πάνω στον εμπορικό σταθμό των Γενοβέζων. Μολυσμένη, η πόλη διέδωσε την ασθένεια στη Δύση μέσω των εμπορικών πλοίων της.

- Από το 1347 έως το 1352, η πανούκλα εξαπλώθηκε σε όλη την Ευρώπη. Από τη Μεσόγειο (Ελλάδα, Ιταλία, Ισπανία, νότια Γαλλία), η ασθένεια εξαπλώθηκε κατά μήκος των λιμανιών και των οδών επικοινωνίας. Καταστρέφοντας ολόκληρη τη Γαλλία, τις Κάτω Χώρες, την Αγγλία και τη Γερμανία, έφτασε μέχρι τη Γροιλανδία και τη Ρωσία. [e]Παρόλο που η ασθένεια εξαφανίστηκε φυσιολογικά το 1352, επανεμφανιζόταν κάθε οκτώ με δέκα χρόνια μέχρι τον 18ο αιώνα.

- Η πανούκλα χτυπά σε ένα ήδη δύσκολο πλαίσιο. Εκείνη την εποχή υπήρχαν πολλά πολιτικά, οικονομικά και κοινωνικά προβλήματα. Η Γαλλία και η Αγγλία πολεμούσαν για εδάφη: ο Εκατονταετής Πόλεμος. Υπήρξαν επίσης πολλοί λιμοί ως αποτέλεσμα του κρύου καιρού στις αρχές του αιώνα.

- Οι άνθρωποι σήμερα πιστεύουν ότι η πανούκλα είναι μια τιμωρία που στέλνει ο Θεός. Στην πραγματικότητα, πρόκειται για ένα βακτήριο, το *Yersinia pestis*, το οποίο μεταδίδεται από τους ψύλλους. Οι ψύλλοι καταφεύγουν πρώτα στους αρουραίους που μολύνουν τις φτωχογειτονιές των μεσαιωνικών πόλεων. Μόλις αποδεκατιστούν οι πληθυσμοί των τρωκτικών, οι ψύλλοι μολύνουν τον άνθρωπο. Αλλά αυτή η εξήγηση δεν βρέθηκε μέχρι το τέλος του 19ΟΥ ΑΙΩΝΑ .[e]

- Αντιμέτωπος με ένα κακό που δεν καταλαβαίνει, ο μεσαιωνικός άνθρωπος έχει διάφορους τύπους αντιδράσεων. Μπορεί να βυθιστεί στην ακολασία ή να φύγει. Συχνά στρέφεται στη θρησκεία, ελπίζοντας ότι η ευσέβειά του θα κατευνάσει τη θεία οργή. Στην ακραία περίπτωση, μπορεί να γίνει μαστιγωτής, μαρτυρώντας το σώμα του για να κερδίσει τη συγχώρεση. Και αν αυτό δεν είναι αρκετό, αναζητά αποδιοπομπαίους τράγους τους οποίους θεωρεί υπεύθυνους για τη μόλυνση: οι Εβραίοι, οι πόρνες, οι ξένοι ή οι φτωχοί είναι οι πρώτοι που ανησυχούν.

- Οι συνέπειες είναι πολλές. Με τη δημογραφική μείωση, η οικονομία αναμορφώθηκε: συγκέντρωση της γης και του πλούτου, εξαφάνιση ορισμένων επαγγελμάτων, διακοπή των εμπορικών ανταλλαγών κ.λπ. Η σχέση με το θάνατο τροποποιήθηκε επίσης: δεν τον αντιλαμβάνονταν πλέον ως ειρηνικό και φυσικό, αλλά ως βίαιο και απρόσωπο. Η σχέση με τον θάνατο τροποποιήθηκε επίσης: δεν τον αντιλαμβάνονταν πλέον ως ειρηνικό και φυσικό, αλλά ως βίαιο και απρόσωπο. Το ψυχολογικό σοκ ήταν τέτοιο που άφησε τα σημάδια του μέχρι σήμερα. Ο φόβος μιας νέας πανδημίας παραμένει και η πανούκλα παραμένει μια πολύ πιθανή απειλή.

ΓΙΑ ΝΑ ΠΡΟΧΩΡΗΣΕΤΕ ΠΕΡΑΙΤΕΡΩ

ΒΙΒΛΙΟΓΡΑΦΙΚΕΣ ΠΗΓΕΣ

BALARD (Michel), "Les semeurs de peste", στο *L'Histoire*, αριθ. 262, Φεβρουάριος 2002, σ. 18.

BARRY (Stéphane) και GUALDE (Norbert), "La Peste noire", στο *L'Histoire*, αριθ. 310, Ιούνιος 2006, σ. 38-49.

BARTHÉLEMY (Dominique), *La féodalité. De Charlemagne à la guerre de Cent Ans*, Παρίσι, La documentation française, 2013.

BERCÉ (Yves-Marie), "Rumeurs et épidémies : les semeurs de peste", στο *L'Histoire*, αριθ. 218, Φεβρουάριος 1998, σ. 78-83.

BOCCACCIO, *Το Δεκαήμερο*, Παρίσι, Livre de Poche, 1974.

CONTAMINE (Philippe), BOMPAIRE (Marc), LEBECQ (Stéphane) και SARRAZIN (Jean-Luc), *L'économie médiévale*, Παρίσι, Armand Colin, 2003.

GAUVARD (Claude), LIBERA (Alain de) και ZINK (Michel), *Dictionnaire du Moyen Âge*, Παρίσι, PUF, 2002.

LE ROY LADURIE (Emmanuel), *Histoire des paysans français de la Peste noire à la Révolution*, Παρίσι, Seuil, 2002.

NAPHY (William) και SPICER (Andrew), *Ο Μαύρος Θάνατος. 1345-1730*, Παρίσι, Autrement, 2005.

VERDON (Jean), *Le Moyen Âge. Ombres et lumières*, Παρίσι, Perrin, 2005.

ΠΡΟΣΘΕΤΕΣ ΠΗΓΕΣ

BIRABEN (Jean-Noël), *Les hommes et la peste en France et dans les pays méditerranéens*, Paris, Mouton, 1975-1976.

BIRABEN (Jean-Noël) και LE GOFF (Jacques), "La Peste dans le Haut Moyen Âge", στο *Annales. Économies, Sociétés, Civilisations*, τόμ. 24, n° 6, 1969, σ. 1484-1510. http://www.persee.fr/web/revues/home/prescript/article/ahess_0395-2649_1969_num_24_6_422183

BOVE (Boris), *Le temps de la guerre de Cent Ans. 1328-1453*, Paris, Belin, 2009.

COHN (Samuel), "Piété et commande d'œuvres d'art après la Peste noire", στο *Annales. Histoire, Sciences Sociales*, τ. 51, n° 3, 1996, σ. 551-573. http://www.persee.fr/web/revues/home/prescript/article/ahess_0395-2649_1996_num_51_3_410868

SABOT (Thierry), *Nos ancêtres au temps de la peste*, Παρίσι, Thisa, 2013.

ΕΙΚΟΝΟΓΡΑΦΙΚΗ ΠΗΓΗ

Χάρτης που δείχνει την ιστορία του Μαύρου Θανάτου σε όλο τον κόσμο. Η φωτογραφία που αναπαράγεται πιστεύεται ότι δεν έχει πνευματικά δικαιώματα.

ΝΤΟΚΙΜΑΝΤΕΡ

Ο Μαύρος Θάνατος, ντοκιμαντέρ του Peter Nicholson, Μεγάλη Βρετανία, 2004.

IMPROVE YOUR GENERAL KNOWLEDGE
IN THE BLINK OF AN EYE!

Ο εκδότης διασφαλίζει την αξιοπιστία των πληροφοριών που δημοσιεύονται, η οποία όμως δεν μπορεί να αποτελέσει ευθύνη του.

Κύριο ISBN: 9782808664424
ISBN: 9782808671842
Νόμιμη κατάθεση: D/2023/12603/506

Ψηφιακός σχεδιασμός: Primento,
ο ψηφιακός συνεργάτης των εκδοτών.